CONSIDÉRATIONS

SUR

LA SITUATION POLITIQUE

DE L'EUROPE

ET SUR LES RÉSULTATS PROBABLES D'UNE OCCUPATION DU

BOSPHORE PAR LES RUSSES.

PAR M. A.

*Itaque extra necessitatem belli, quod piis principibus ultimum semper
Et nem* les nécessités de la guerre, qui le pour aucun mal à l'équité.*

MONTANZI.

PARIS

CHEZ LES MARCHANDS DE NOUVEAUTÉS.

1828.

CONSIDÉRATIONS

LA SITUATION POLITIQUE

DE L'EUROPE.

IMPRIMERIE DE J. TASTU,
Rue de Vaugirard, n 36.

CONSIDÉRATIONS

·LA SITUATION POLITIQUE.

DE L'EUROPE

ET SUR LES RÉSULTATS PROBABLES D'UNE OCCUPATION DU
BOSPHORE PAR LES RUSSES.

PAR M. A.

*

Neque extra necessitates belli, præcipuum odium gero
Et hors les necessités de la guerre, je ne veux aucun ma à l'ennemi

MONTAIGNE

*

PARIS

CHEZ LES MARCHANDS DE NOUVEAUTÉS.
*
1828

CONSIDÉRATIONS

SUR LA

SITUATION POLITIQUE DE L'EUROPE

ET SUR LES RÉSULTATS PROBABLES D'UNE OCCUPATION
DU BOSPHORE PAR LES RUSSES.

L'HOMME extraordinaire qui avait remué le monde pendant tant d'années, cédant à son destin, venait de recevoir des mains des rois alliés réunis à Paris, la souveraineté de l'île d'Elbe.

De-là, regardant les côtes de la France, il méditait peut-être le projet de reconquérir, avec une armée de 800 hommes, l'empire qu'il avait perdu par tant de fautes que son génie seul pouvait commettre, lorsque tout ce que l'Europe avait de plus distingué en diplomates et en guerriers, se réunit à Vienne, pour reconstituer les trônes et les idées sur les anciens erremens.

Ces grands personnages qui présidaient
ainsi à nos destinées futures , sentant la
faute qu'ils avaient commise , en laissant à la
vue du continent celui qui l'avait si long-
temps dominé, voulurent échanger la souveraineté de son ile contre une prison à Sainte-
Hélène. Ce manque de foi ramena l'Empereur à Paris, et, comme ce géant enfant de
la terre, dès qu'il eut touché le rivage de
France, le congrès fut dissous.

Des flots de sang lavèrent cette nouvelle
faute, portèrent l'homme du destin sur le
rocher où il devait mourir, et les chefs en-
nemis, après avoir partagé nos dépouilles
opimes, appliquèrent à l'Europe le nouveau
système de partage et de pondération qu'ils
avaient si laborieusement enfanté.

Fiers d'avoir humilié la France et rétréci
ses frontières, la plupart des souverains ne
s'aperçurent pas que les nouveaux parta-
ges étaient influencés par l'Angleterre, qui
semait entre eux et pour des siècles de nouveaux fermens de discorde, dont la préser-
vait sa position insulaire, et lord Castlereagh
lui-même, caressé, traité d'égal à égal par
l'empereur de Russie, trompé par la feinte

modération de ce monarque, ne vit pas qu'après vingt ans de guerres qui avaient porté la dette de son pays à 22 milliards, l'immense pouvoir qu'il croyait avoir abattu, il l'avait seulement déplacé.

Cette faute énorme, il l'a expiée par un suicide, et ses successeurs ont tenté plusieurs fois, mais vainement, de la réparer; plus tard, lord Wellington n'a pas été plus heureux [1].

M. Caning lui-même, dans l'espérance de séparer à jamais de la mère patrie les colonies espagnoles des Amériques, pour les exploiter au profit de l'Angleterre [2], poussa la France à la guerre d'Espagne, de concert avec la Russie, et, suivant l'impulsion donnée par le congrès de Vérone, l'espoir de faire arriver directement à Londres les galions de la Vera-Crux, si nécessaires à l'existence de son pays, l'empêcha de voir qu'en se joignant à M. Pozzo di Borgo pour faire déchirer l'ordonnance à

[1] Il paraît que lord Wellington demanda la suppression des colonies militaires, et ne l'obtint pas. Ces colonies ne coûtent rien à l'État et tripleront l'armée russe. (*Spectateur*, n. 1er vol., p. 375.)

[2] Discours de M. Canning au Parlement, 1826.

jamais célèbre d'Andujar, et pour semer dans la Péninsule des dissensions interminables et des inimitiés contre la France, il secondait, sans s'en douter, les vues profondément politiques de la Russie, occupée, sans cesse et depuis long-temps, à soutenir la révolte de la Grèce qu'elle avait soulevée contre ses anciens conquérans, à brouiller et diviser le midi de l'Europe, afin de pouvoir, lorsque le moment en serait venu, mettre plus aisément à exécution ses projets de conquête en Orient [1].

Il s'en aperçut trop tard, et regrettant déjà d'avoir poussé l'Angleterre à des spéculations énormes, par l'espoir de faire, audelà des mers, des bénéfices fabuleux qui, ne pouvant se réaliser de sitôt, firent éprouver à ce royaume une crise financière qui a mis à nu sa faiblesse, M. Canning, profondément peiné de s'être trompé, surtout après les sarcasmes amers qui lui étaient échappés à la tribune contre le ministère de France, chercha à réparer sa faute, et, par la révo-

---

[1] A cet égard la Russie a suivi exactement les instructions de Pierre-le-Grand.

lution constitutionnelle qu'il opéra en Portugal [1], menaça la Russie de soulever contre elle tous les peuples du Midi, si elle persistait dans ses projets d'envahissement vers le Bosphore.

Il n'était plus temps; ce grand ministre prit rang dans Wesminster, à côté de Pitt, et déjà, comme pour honorer ses funérailles, la catastrophe de Navarin, venant anéantir la marine égyptienne et turque, dont la France avait favorisé la création [2], ouvrait les mers du Levant à la flotte russe qui, pour insulter les Dardanelles, n'attendait que le signal du premier coup de canon sur le Pruth.

De son côté, la Russie, avec son habileté accoutumée, signant la paix et gagnant des millions de roubles en Perse, contre-révolutionnant le Portugal, soutenant l'Espagne

[1] Discours de M. Canning, séance du Parlement anglais, du 12 décembre 1826.

[2] Le dernier ministère avait agi sagement en donnant à l'Égypte une flotte et une armée disciplinée à l'européenne, dont le Grand-Seigneur eût pu faire un meilleur usage, et qui désormais lui sera d'un grand secours.

dans son inepte ingratitude envers la France, et caressant les Pays-Bas ; la Russie donnant à la Prusse des espérances qui, fussent-elles réalisables (ce qui est fort douteux), ne la rendraient pas redoutable à sa suzeraine renforcée de la Pologne et de ses nouvelles conquêtes ; la Russie s'inquiétant peu de l'Autriche, assez embarrassée de conserver ses acquisitions nouvelles et de couvrir ses immenses frontières ; la Russie ne craignant pas la France, parce qu'elle apprécie la position de son ministère, et qu'elle la sait occupée de ses dissensions, auxquelles M. Pozzo di Borgo n'est probablement pas étranger ; la Russie enfin, après s'être créé un parti jusque dans le Divan, et avoir amené la Porte à la publication de son manifeste provocateur, avec la même habileté qu'elle avait fait tirer sur le parlementaire anglais à Navarin, et mettant ainsi les formes pour elle, vient enfin, après six ans de préparatifs militaires et de trames politiques, d'ouvrir sa marche sur Constantinople [1].

[1] C'est par des trames semblables qu'elle avait préparé le partage de la Pologne et la conquête de la Crimée.

Son but n'est point caché, elle a pris soin de nous le faire connaître par sa déclaration. Elle veut s'établir sur le Bosphore, et assurer à jamais un débouché aux produits de ses contrées méridionales. Quant au succès, il n'est pas douteux. Des préparatifs commencés depuis six ans le rendent certain. Les journaux du ministère nous l'ont dit avec ingénuité. D'un autre côté, les troupes musulmanes sont peu nombreuses ; Constantinoble et le sérail sont divisés par deux partis, dont l'un veut la guerre, et l'autre la paix ; tout annonce qu'à l'approche des armées russes qui menacent cette capitale, par l'orient et par l'occident, il éclatera une crise terrible, dont les suites sont difficiles à prévoir, mais qui pourrait bien avoir pour résultat la chute de cet empire *du Croissant*, de ce colosse qui, à deux époques de son histoire, avait menacé de son joug toute l'Europe [1].

---

[1] S'il faut en croire les voyageurs modernes, il est certain que les Turcs, fortement persuadés que les chrétiens doivent arriver incessamment à Constantinople, se font enterrer à Scutari, sur la

Dans tous les cas, l'établissement des Russes sur le Bosphore, soit par traité, soit par
la conquête, fournit aux pages de l'histoire
l'événement le plus remarquable qu'ait vu
le monde depuis Charlemagne.

Et cependant avec quelle profonde indif-
férence cet événement extraordinaire ne
semble-t-il pas vu par les peuples et leurs
gouvernemens !

Les publicistes les plus distingués gardent
le silence, et semblent n'oser s'interroger.
Dans les hautes classes, les uns voient avec
plaisir les armées russes s'éloigner de nous,
dans l'espérance qu'elles s'affaibliront par la
guerre, et s'anéantiront peut-être par quelque catastrophe ou par le fléau de la peste.

D'autres pensent que la Russie s'affaiblira
par la conquête, et sera d'autant moins à
craindre pour nous, que plus elle sera étendue, plus tôt elle sera désunie et partagée.

D'autres, enfin, veulent qu'après l'établissement des Russes dans la Turquie d'Europe et d'Asie, la France et l'Europe entière
trouvent avantage à commercer avec eux

rive orientale du Bosphore, pour que leurs cendres
ne restent pas entre les mains des infidèles.

plutôt qu'avec des peuples fanatiques, sans industrie et à demi-barbares comme le sont les Turcs.

A l'appui de leur opinion, ils citent l'Angleterre qui, après s'être long-temps opposée à l'émancipation de ses colonies , émancipation qu'elle ne put empêcher, trouva bien plus de profit à commercer avec un peuple libre qu'avec ses anciens colons.... »

Ces grandes questions méritent d'être examinées, approfondies ; le champ est vaste; son exploration appelle une main savante; en attendant qu'elle s'offre, posons quelques jalons.

La Russie, de nos jours, nous représente dans ses provinces de l'est et du midi *la vieille Scythie*, telle que le père de l'histoire nous l'a racontée, avec ses forêts primitives, ses terres vierges, ses fleuves nombreux, et presque ses habitans, ses coutumes, ses mœurs.

Par une analogie frappante, les provinces de l'ouest des Etats – Unis, qui s'étendent des Allégany aux grandes Andes, sur 18 à 20 degrés de largeur, offrent à vil prix, et aux colons de tous les pays comme de toutes les religions, des concessions de terres et de forêts également vierges, également primitives, et, comme celles de Scythie, également sillonnées par un fleuve immense et par ses innombrables affluens.

L'histoire de cette belle partie du Nouveau-Monde, pendant les quarante dernières années, peut, par le tableau de prospérité qu'elle nous offre, faire juger de celle qui va s'ouvrir pour la Russie, à la chute des barrières qui si long-temps ont tenu le Bosphore asservi.

On ne sait peut-être pas assez tout ce que l'Amérique du nord doit de richesses en population et en produits à la navigation par la vapeur.

La France, avant sa révolution, envoyait chaque année pour 25 à 28 millions de subsistances, seulement aux Antilles et sur quelques points de la terre ferme.

Ce débouché, fermé par la guerre avec l'Angleterre, s'ouvrit pour les provinces des Etats-Unis à l'ouest des *Allégany*, où le gouvernement dirigeait alors les excédans de population des provinces orientales et les colons de toutes nations qui s'établissaient successivement dans le *Kentucky*, sur les bords de l'*Ohio*, de l'*Arkansas*, du *Missouri*, et des autres principaux affluens du Mississipi.

Ces terres neuves, chargées de débris des vieilles forêts sur lesquelles on venait de les conquérir, donnaient d'énormes produits; mais les colons ne trouvant pas aisément d'emploi pour leurs excédans, qui seuls constituent la richesse, leurs établissemens prospéraient peu, et la population s'accroissait lentement.

A la demande des Antilles, les habitans des rives du Mississipi versèrent ces excédans sur la Nouvelle-Orléans qui, en 1803, alors que la Louisiane fut cédée par la France et dégagée de ses entraves, devint l'entrepôt de tout le haut pays, et fournit à son tour aux besoins des îles du golfe Mexicain et à une partie de la Terre-Ferme.

Des bateaux grossièrement construits sur le modèle de ceux de la Loire, mais plus grands, descendaient ces produits jusqu'à la Nouvelle-Orléans, et y étaient dépecés. Leur marchandise vendue, le propriétaire et les matelots, pour retourner chez eux, avaient deux chemins à suivre.

Par l'un, ils remontaient directement au nord, vers Jakson, à travers les forêts et les déserts, demandant l'hospitalité aux Creeks, aux Cherokées, aux Chiczsaws et autres tribus sauvages, et ne revoyaient le Ténessée ou le Kentucky et le Missouri qu'après plusieurs semaines de marche, de fatigues et de dangers.

Par l'autre chemin, ils descendaient le fleuve jusqu'à son embouchure, remontaient, par le golfe du Mexique et le détroit de Bahama, jusqu'à Washington ou Philadelphie, et traversaient la Virginie et les Allégany pour rentrer dans le Kentucky et l'Ohio après un trajet de huit à neuf cents lieues..

On conçoit aisément combien ces voyages devaient être coûteux, et les bénéfices restreints.

Le besoin est industrieux; c'est un adage vieux comme le monde; il créa les bateaux que la force de la vapeur fit descendre de l'Ohio à la Nouvelle-Orléans, et remonter vers l'Ohio en quinze à seize jours, et presque sans frais, par le bas prix du bois.

Chose admirable! ce procédé si simple

dans son exécution , changeant tous les fleuves de cette partie de l'Amérique et leurs nombreux affluens, en grandes routes dont la nature fait tous les frais de construction et d'entretien, donna aux établissemens du haut pays de telles facilités que, depuis la paix de 1814, ils continuent d'approvisionner les Antilles et l'Angleterre de.subsistances, et que nos ports de France, dans l'ouest, en ont reçu des secours en 1817, consommant ainsi des farines du Mississipi, de l'Ohio, du Missouri ou de la rivière des Illinois.

C'est par le même moyen que le commerce, remontant les rivières *Platte*, *Kansas*, *Arkansas*, *Missouri* et leurs nombreux affluens, va, à cinq ou six cents lieues de distance, chercher les riches pelleteries, produit des longues chasses que font les sauvages sur le flanc oriental de la grande Cordilière, et qu'ils vendent à vil prix aux Européens [1].

[1] Washington fait ce commerce par le Potomac, le Mononga-Héla, l'Ohio, le Mississipi, le Missouri, jusqu'au fort Osage, à 2,000 milles de distance (environ 600 lieues).

On voit par-là combien les colons américains de l'Ouest, favorisés par les débouchés
que trouvèrent leurs établissemens, par la
richesse inépuisable de leur sol, par la navigation à la vapeur qui, rapprochant les
distances, économisait l'argent et le temps,
ont dû chercher à accroître leurs excédans de
produit, et multiplier ainsi leur richesse et
leur population.

La Nouvelle-Orléans avait huit à dix mille
habitans lorsqu'elle fut cédée aux Etats de
l'Union; aujourd'hui elle en compte plus de
quarante mille, et du 1er janvier à la fin de
mars, cette population est portée à plus de
soixante mille ames [1], parce qu'à cette époque de grands marchés, quatorze à quinze

---

[1] En 1775 le Kentucky était un désert. En 1810 sa
population était de 406,511 ames; il y avait 23,559
machines à filer.

En 1798 un terrain de 3 ares fut vendu, à Louis-
Ville, 1,925 fr., et revendu, en 1815, 55,000 fr.

En 1791 les exportations des États-Unis étaient
de 110 millions; en 1817 elles se sont élevées à 467
millions d'origine domestique ou étrangère.

En 1790 le tonnage fut de 478,000 tonneaux; en
1816 il fut de 1,372,000.

cents bâtimens étrangers ou des Etats-Unis
de l'Atlantique, sont en rade pour charger
les produits de l'immense bassin du Mississipi. Ces produits apportés par deux mille
cinq cents à trois mille barques de fort tonnage, sont chargés sur ces bâtimens qui exportent des marchandises diverses pour 90 à
100 millions de francs [1].

[*] Annales statistiques des États-Unis ; Seybat. La valeur des terres et des maisons double tous les onze ans
aux États-Unis. (Warden, t. 1er, p. 63).

[1] La Haute-Louisiane expédie *des farines* aux Antilles et en Angleterre, etc. ; du coton en France et en Angleterre ; du tabac aux États-Unis, en France et en
Angleterre ; des porcs, du lard, du beurre, des
graisses, des chevaux, des bœufs, des moutons, pour
la Nouvelle-Orléans et les Antilles ; du tan pour le sud
des États-Unis et les Antilles ; des pelleteries pour
l'Europe ; des maïs, avoines, chanvres, cordages,
toiles d'emballage, étoffes de coton communes, beaucoup d'eau-de-vie de maïs, qui se portent aux Flo-
rides, aux États de l'Atlantique et aux Antilles ; du
cidre, du beurre, des pommes, du bœuf salé, dont
une partie pour les Antilles, l'autre pour l'approvi-
sionnement des navires qui viennent charger à la
Nouvelle-Orléans ; des charbons, chandelles, savons, etc., pour la même destination.

La Basse-Louisiane expédie une énorme quantité

L'accroissement de population des Etats-Unis est tel que, s'il faut en croire leurs statistiques, elle double tous les vingt-trois ans ; d'où l'on conclut que ces Etats auraient cinquante millions d'habitans en moins d'un demi-siècle [1].

Mais, en admettant que ces calculs soient exacts pour le moment, les proportions sur lesquelles ils sont établis peuvent faiblir par diverses causes ; par exemple, l'accroissement de population a été le résultat de l'aug-

de sucre, dont un tiers est consommé aux États-Unis et deux tiers en Europe ; des cotons, riz, mélasse, tafia, tuiles, planches, etc., pour les Antilles, les Etats de l'est et l'Europe.

Les vaisseaux nationaux font les trois quarts de ce commerce de transport.

En 1789, les exportations en France par les États-Unis furent, suivant M. Chaptal, de 13 millions.

En 1818, ces exportations furent de plus de 76 millions. (Warden, t. 5, p. 594).

La différence est grande !

[1] D'après Colqhoun il faut, pour que la population double, savoir :

En Angleterre, 54 ans.

En Russie, 36 ans.

En Irlande, 46 ans.

mentation de richesses qu'a produites l'invention de la navigation par la vapeur; mais il fallait aussi qu'avec cet admirable moyen de transport, se trouvât un débouché aux excédans de toute nature que possèdent les Américains des Etats-Unis.

Sans doute le sol vierge de la Louisiane et des autres contrées tempérées de l'Amérique du nord peut recevoir et nourrir aisément une énorme population; mais il faudra que, pour s'accroître à l'avenir, dans la proportion des vingt ou trente dernières années, elle voie s'accroître, dans la même proportion, l'emploi de ses excédans, ce qui n'est ni démontré ni probable.

Quoi qu'il en soit des destinées réservées à cette riche et grande partie du Nouveau-Monde, il demeure bien établi que sa prospérité est due, en très-grande partie, à sa

En France, 5o ans.
Au Canada, 28 ans.
Aux États-Unis, 23 ans.
Mais on conçoit combien toutes ces données doivent être insuffisantes pour établir des calculs applicables à l'avenir.

navigation par la vapeur, et à la facilité de placer ses excédans [1].

Maintenant faisons l'application de ce système si remarquable par sa simplicité et ses résultats étonnans, au commerce russe de mers Noire et d'Azow, et cherchons ce qui doit en advenir. Mais il faut avant jeter un coup-d'œil rapide sur la situation actuelle de cet empire.

On sait que les fleuves les plus considérables de l'ancien continent sont en Russie, ceux de Sibérie au premier rang; mais comme ils sont à peu près étrangers à l'objet qui nous occupe, nous ne parlerons que de ceux qui versent leurs eaux au midi de la Moscovie.

De tous ces fleuves, le Volga est le plus grand; son cours, de sept à huit cents lieues, traverse la Russie presque entière depuis sa source, non loin de la Duina, jusqu'à la mer Caspienne.

Après avoir creusé le canal de Volotchok qui, réunissant la *Tvértsa* à la *Msta*, ouvre

---

[1] Chaque Américain paye 15 francs de contribution. Chaque Français paye plus de 32 francs. Les Anglais bien davantage.

la communication de la Baltique à la mer Caspienne par le Volga, Pierre Ier conçut le grand dessein de joindre ce fleuve au Don par un canal de quelques lieues qui aurait ouvert une autre communication facile et prompte entre la Caspienne et les mers Noire et d'Azow.

Mais les malheurs qui amenèrent la paix du Pruth, et les soins qu'il donna à sa nouvelle capitale et à ses guerres dans le Nord, en suspendirent l'exécution.

Ce beau projet conçu par Pierre – le– Grand, l'empereur Alexandre l'eût exécuté si la mort n'était venue le surprendre sur les lieux même, au milieu des améliorations nombreuses et importantes que réclamaient ses provinces méridionales, et de ses préparatifs pour deux guerres que son successeur devait terminer.

Catherine II, digne héritière de Pierre Ier, fit exécuter le canal auquel elle donna son nom, et qui, par la Ketma et le Djourick, la Kama et le Volga, joint la mer Blanche à la mer Caspienne, et bientôt à la mer d'Azow, par une navigation intérieure de vingt-deux degrés d'étendue.

Trois autres fleuves, le Don, le Niester et le Niéper, sillonnent la Russie en sens divers, et, comme le Volga, reçoivent de nombreux affluens avant d'arriver aux mers Noire et d'Azow; le Niéper, surtout[1], dont les eaux se joignent à la Duna occidentale par le canal *Bérésina;* au Niémen, par le canal *Oguinski*, et doivent se joindre à la Vistule par le *Canal royal,* entre les eaux de la Moukavitza et de la Pina; le Niéper seul, disons-nous, réunit, par une navigation intérieure de dix à douze degrés, Odessa et Riga, Kherson et Memel, et bientôt Varsovie.

Enfin le Danube semble vouloir réunir toutes ses eaux pour paraître dans les provinces voisines de ces mers, et payer le tribut qu'il doit à son nouveau souverain.

L'on voit qu'il est peu de pays, dans le

[1] Son cours est embarrassé, au 48ᵉ degré de latitude, par douze ou treize cataractes qui ne pourront arrêter la navigation par la vapeur, lorsqu'on aura fait à côté de chacune un petit canal avec des écluses, ainsi que cela a eu lieu aux États-Unis pour franchir les chutes de diverses rivières, telles que le Potomac, le Jaques, la Sherfandoah, la Seneka, l'House et tant d'autres.

monde, aussi richement arrosés. Ces nombreux et grands canaux, creusés par la nature, donnent à la Russie une admirable facilité pour distribuer les richesses de son sol ou de ses manufactures, non-seulement dans la belle saison, mais encore pendant ses longs hivers, par la facilité de traînages peu coûteux et rapides sur les glaces comme sur les neiges.

L'immense étendue de cet empire réunit toutes les différentes productions de l'Europe, à une partie de celles des tropiques; et par la pente de ses fleuves vers les mers Noire et Caspienne, la Providence semble avoir marqué la direction vers l'Hellespont, de presque tous les excédans dont les diverses peuplades russes pourront disposer. Les canaux faits ou commencés seconderont merveilleusement cette tendance, sans affaiblir les exportations considérables qui ont lieu tous les ans, par les ports du nord de l'empire, tels que Arkangel, Saint-Pétersbourg, Riga, etc.

A l'exception de quatre ou cinq provinces dans le Nord, toutes les autres produisent, et la plupart en abondance, des grains de toute espèce. Celles du centre et du midi sont les greniers de l'empire.

Après avoir pourvu largement à la principale subsistance des peuplades russes, en pain ou en gruaux de plusieurs espèces ; après avoir fourni aux brasseries qui fabriquent la boisson ordinaire de ces mêmes peuples ; après avoir alimenté les distilleries qui produisent les liqueurs fermentées dont les pauvres et les riches font une si prodigieuse consommation et un si grand abus, les excédans se versent, soit par le Nord, à la Suède, à la Hollande, à l'Angleterre, et quelquefois à la France, soit par le Midi, à la Turquie d'Europe, à la Grèce, à l'Italie, aux provinces françaises qui bordent la Méditerranée, et souvent même à l'Espagne.

A l'avenir, le superflu des provinces de Bessarabie, Moldavie, Valachie, prendra cette direction sous le pavillon russe.

D'abondantes récoltes en grains ne font pas la seule richesse de l'empire. A l'exception de quatre ou cinq gouvernemens, tels que Saint-Pétersbourg, Olonetz, Vibourg, etc., partout on élève des bêtes à laine et à corne.

Beaucoup de provinces, telles que l'U—

kraine , Smolensk , Moscou , Pleskof, la petite Russie, Voronéje , etc., ont de gras pâturages et de grands troupeaux.

Les moutons d'Astrakan sont remarquables par leur grosseur, ceux de Crimée par leur qualité.

Les bœufs d'Ukraine , de Kiow , d'Arkangel , sont remarquables par leur belle espèce.

Mais ce sont les nations errantes en-deçà et surtout au-delà d'Orembourg qui nourrissent , dans leurs steppes , des troupeaux innombrables qui s'y consomment, faute de débouché.

Toutes les provinces abondantes en grains nourrissent beaucoup de porcs.

Il s'exporte chaque année quelques milliers de quintaux de viande salée et de soie de porc.

Tous les fleuves , les rivières et ler mers. russes sont abondans en poissons. Le Volga est le fleuve le plus poissonneux que l'on connaisse. Il en est de même de quelques-uns de ses affluens , tels que la Kama , la Viatka , etc. [1]

[1] Il paraît que ces fleuves sont très-poissonneux,

On affirme que le Volga et l'Oural nourrissent plus de douze cent mille pêcheurs
ou travailleurs. Ce sont eux principalement
qui fournissent en quantité l'esturgeon (*l'ac-
cipenser* des anciens), dont les œufs se vendent, sous le nom de *caviar*, à toute l'Europe, à l'Asie et jusqu'aux deux Indes. Les
pêcheries, dans les fleuves et les mers méridionales de la Russie, sont pour cet empire
ce qu'est la pêche de la morue pour la Hollande et les autres puissances de l'Europe.

Il s'exporte par an plusieurs milliers de
quintaux de poisson salé ou fumé, et la quantité qui s'en consomme par les Russes est
prodigieuse, surtout pendant leurs nombreux carêmes. Il s'exporte aussi beaucoup
de colle de poisson.

On trouve quelques noyers en Crimée, en
Bessarabie et en Géorgie; mais le chanvre,
que l'on récolte presque partout, donne une
quantité inappréciable d'huile pour les besoins journaliers des peuples, pour la marine, les fabriques de toile, et pour des

parce que leurs bords sont garnis de forêts épaisses,
dont les détritus, les fruits et les graines sont empor-
tés par les eaux et nourrissent les poissons.

exportations annuelles très-considérables.

Il en est de même du suif, dont on consomme de grandes quantités pour les fabriques, et surtout pour l'éclairage durant les longues nuits d'hiver ; et cependant il s'en exporte annuellement plus de cent mille quintaux (marc) en nature ou en chandelles fabriquées. On le tire principalement de Kasan , Kalumna, et surtout d'Orembourg.

Il s'exporte peu de laines ; mais la Russie produit toutes celles nécessaires aux fabriques de draps grossiers dont ses habitans et ses soldats sont vêtus.

On conçoit, d'après ce que nous avons dit plus haut, qu'après avoir satisfait aux besoin des peuples, il se puisse exporter annuellement plus de 60,000 quintaux de cuirs.

Ce sont les Russes qui fabriquent ce cuir, que nous appelons de *roussi*, et que nulle part on n'a pu égaler. Il s'en exporte annuellement pour plusieurs millions.

C'est le chanvre de Russie qui fournit des voiles et des cordages à toute la marine du nord de l'Europe; il s'en exporte près d'un million de quintaux (marc), et très-peu par la mer Noire.

Presque partout l'empire est couvert de forêts immenses, d'où l'on tire les plus belles mâtures et les meilleurs bois de construction que l'on connaisse.

On en trouve plus abondamment à portée du Volga, du Don et du Niéper. Il s'en consomme une quantité énorme pour ferrer les grandes routes, et il s'en exporte en Hollande et en Angleterre.

On approvisionnerait pendant des siècles l'Europe entière, en brais et goudrons pris dans les forêts russes, et ce sont, avec ceux de Suède, les meilleurs qui existent. Il s'en exporte plus de 100,000 quintaux (marc) par an, pour les marines du nord de l'Europe, et il n'y a pas long-temps que nos ports du nord et de l'ouest de la France s'en approvisionnaient en Suède et en Russie.

Plusieurs provinces ont des mines de fer; celles de Nowgorod, Polotsk, Kalouga, Orel, Orembourg, etc., sont abondantes, mais celles de Permie sont bien autrement riches. Toutes ces mines fournissent aux besoins de l'em-

pire, et de plus à une exportation d'un million de quintaux de fer, égal en qualité à
celui de Suède.

On trouve du cuivre à Orembourg, à
Olonetz, Ouffa, etc.; mais les mines de Permie en donnent également davantage; celles
d'Olonetz donnent de l'or et du plomb; celles
de Permie et de Sibérie, plus riches, produisent l'or, l'argent, le platine, le zinc; et
l'on en trouvera bien davantage lorsque les
Ourals et les autres montagnes où sont situées
ces mines auront été convenablement ex-
plorées. On distingue surtout les mines d'argent de Kolhivan et de Nerkinsk, en Sibérie,
par leur abondance et leur richesse.

La race des chevaux est généralement ce
qu'elle était autrefois en Scythie. Ils sont nombreux, légers, infatigables, faciles à nourrir,
supportant de longues privations. Ces chevaux ne sont pas beaux ; mais ce sont les
meilleurs qui existent pour la cavalerie légère
et pour les guerres longues et lointaines.
Beaucoup de croisemens ont été essayés; des
haras sont établis sur plusieurs points, notamment dans les environs de Mézen, de Karkof,
d'Izium, d'Eskopine et d'Orel; mais jusqu'à

présent, ils n'ont pas donné de belles races.

Le lin est d'une qualité excellente ; il s'en récolte beaucoup : aussi fabrique-t-on dans l'empire tout le linge qui lui est nécessaire. Le linge damassé de Jaroslaf égale en beauté celui de Silésie, et la toile fine d'Ekaterinoslaf et de Moscou égale celle des Pays-Bas.

Il s'exporte annuellement environ deux cent mille quintaux de graine de lin, et du lin en proportion de cette énorme quantité.

Les provinces méridionales, et notamment la petite Russie et l'Ukraine, fournissent du tabac au besoin de l'empire et à des exportations quelquefois très-importantes, jusqu'à plusieurs milliers de quintaux ; mais ces exportations varient souvent. Elles se font sur la Hollande, la Hongrie, la Valachie, etc.

On ne connaît pas bien exactement le produit en pelleteries diverses de la Russie. On sait qu'il est immense ; on sait que les fourrures communes y abondent, et que les plus belles qui existent viennent de Sibérie ; que les marchés principaux se tiennent à Orembourg et Arkangel ; que les Russes en consomment beaucoup à cause de leurs longs hivers ; qu'en outre, ils en exportent en Europe et surtout en Asie, pour des sommes considérables.

Diverses provinces, comme Nowgorod, Vologda, Belgorod, Astrakan, etc., donnent du sel en abondance; ce royaume en fournirait à tout l'empire. La Permie et le gouvernement d'Orembourg donnent beaucoup de sel de montagne par leurs riches cristallisations.

Si, à tous les produits principaux que nous venons d'indiquer, nous ajoutons que le gibier de toute espèce est extrêmement abondant dans tout l'empire; que les provinces du midi, et notamment celles de Crimée et de Kazan, produisent les plus beaux et les meilleurs fruits d'Europe; que la vigne et les vers à soie s'y cultivent; qu'on y récolte abondamment du miel et de la cire, du pastel et de la garance; que l'on récolte du coton et du safran dans les gouvernemens du Caucase et d'Astrakan; qu'enfin tous les marbres, albâtres, chaux, plâtres et beaucoup de pierres fines s'y trouvent, on conviendra qu'il est bien peu de pays aussi favorisés par la nature.

C'est avec ces immenses produits du sol,

et la facilité de les accroître sans mesure ; c'est avec des moyens admirables pour les mettre en mouvement et leur procurer un emploi, que la Russie se présente à la civilisation de l'époque, pour lui demander la possession du seul débouché par lequel elle puisse verser le trop plein de ses productions actuelles et futures.

Elle se présente au moment le plus favorable à l'exécution et à la réussite de ses projets ; nous l'avons démontré. Elle se présente appuyée sur une armée nombreuse comme celle de Xerxès, composée de soldats dévoués, fanatiques comme ceux de Mahomet, sobres, patiens, endurcis, commandés par des officiers ambitieux d'honneurs, de richesses, et possédant la facilité de parler toutes les langues de l'Europe ; elle se présente enfin soutenue de l'adhésion de tous les peuples russes pour une guerre qu'ils ne regardent pas seulement comme utile, mais comme *sainte ;* et, nouveaux croisés, c'est au cri : *Dieu le veut*, répété par toutes les populations, de la Baltique à la mer Noire, que l'armée marche et que les recrues la suivent.

Ce cri, l'Autriche l'a entendu la première avec effroi, et l'Angleterre en est épouvantée. Elle semble sortir de la léthargie dans laquelle elle était tombée depuis la mort de M. Canning [1]; pour reprendre la direction donnée par ce grand ministre, elle arme avec rapidité, et dirigeant ses forces vers l'Orient, elle prélude aux événemens qui suivront par des engagemens d'avant-poste en Portugal.

Sans doute une flotte anglaise, réunie à celle des Turcs, aurait aisément commandé la mer Noire, et menaçant de brûler Odessa, Sebastopol, Taganrok, aurait empêché la flotte russe [2] de porter des troupes en arrière des Balkans, et des subsistances à l'armée qui doit longer la mer en Romélie dans sa marche sur Constantinople; et si la crainte de voir détruire tous leurs établissemens et leurs colonies naissantes dans les mers Noire et d'Azow, eût pu empêcher les Russes de passer le Danube, peut-être l'Angleterre aurait-elle à se repentir de s'être laissée pré-

[1] C'est pendant cette léthargie que dom Miguel s'est insurgé contre son légitime souverain.

[2] On assure que la Russie a fait construire beau-

venir , et devra-t-elle ajouter ce nouveau reproche à celui qu'elle a si bien mérité en se prêtant à détruire la flotte turque à Navarin [1].

Que de regrets n'aura-t-elle pas , surtout si elle acquiert trop tard la conviction que l'armée russe, arrivée à Constantinople, et forcée de s'y présenter en masse pour combattre après avoir vécu difficilement dans sa marche en Bulgarie et en Romélie, et ne pouvant exister sur le Bosphore qu'avec les ressources de la mer Noire, n'aurait peut-être pas osé s'aventurer à deux cents lieues de ses magasins, sans moyens de porter beaucoup de subsistances avec elle, si elle n'avait compté, pour vivre à Constantinople, sur les ressources préparées depuis long-temps à Odessa , ou à Taganrok , et dont la flotte anglaise eût pu empêcher les arrivages, soit en interceptant les convois, soit en brûlant les magasins et les villes qui les contenaient!

coup de bateaux armés de canons à la Perkins et montés par quelques bataillons.

[1] Il paraît qu'elle désavoue la conduite de l'amiral Codrington , puisqu'elle vient de le faire remplacer.

Quoi qu'il en soit , dans cette position extrêmement critique pour l'Europ , quel
sera le rôle de la France ?

Sans doute l'Autriche lui a fait entendre
son cri de détresse , et s'il est vrai qu'il ait
été question un moment d'un traité entre
cette puissance et le Piémont , nul doute que
se rappelant, avec de justes regrets , ses torts
récens envers la France, l'Autriche n'ait eu
quelque crainte de la voir céder à l'influence
de la Russie, et que, par la possession des
forteresses d'Alexandrie et de Bramans , elle
n'ait menacé de paraître sur la cime des
Alpes , peut-être avec un insigne aujour-
d'hui sans valeur , ou tout au moins de défendre les passages par lesquels la France
pourrait se rapprocher de ses possessions en
Italie.

Mais s'il y a quelque lâcheté ou quelque
turpitude dans l'homme d'État qui garde
rancune et éternise sa haine, la France ,
bien que récemment humiliée par le rétré-
cissement de sa frontière, par le rôle qu'on
lui a fait jouer en Espagne, et insultée dans
l'honneur de ses grands capitaines, ne fera
pas la faute qui pourrait devenir irréparable

pour elle, comme pour l'Europe, de séparer sa cause de celle des autres puissances au moment du danger, bien que ce danger soit, en apparence, plus éloigné pour elle.

En effet, une fois la Russie maîtresse des Dardanelles, peut-être serait-il bien difficile, peut-être ne serait-il plus temps de l'en chasser; et c'est ici le cas de démontrer qu'ils se trompent, ceux qui veulent qu'elle *s'affaiblisse en s'étendant.*

Et d'abord, il suffit de jeter les yeux sur une carte de cet empire, pour se convaincre que, malgré sa vaste étendue, il n'est vulnérable que sur peu de points. Ses derrières sont gardés par des déserts et par le pôle; ses flancs par des mers qui lui appartiennent, et d'un côté par le Caucase dont les portes qu'il a fermées ne seront plus franchies; de l'autre, par un souverain que la reconnaissance et *ses intérêts personnels* lui ont dévoué. Il ne peut donc être attaqué que du côté de l'ouest; et même en ce cas, ne voit-on pas que cette ligne d'opérations de 14 degrés commençant à Dantzick et finissant à l'Archipel, a pour défense, au nord, toute la nation polonaise que les Russes cherchent à s'attacher [1], et au midi, la nation grecque, déjà russe par sa croix, par ses intérêts, et surtout par le protectorat qu'elle a accepté pour échapper aux effroyables massacres dont la plupart des gouvernemens européens sont restés pendant si long-temps les complices, ou au moins les froids spectateurs [2]!

Il resterait donc aux Russes à défendre le centre de cette ligne tracée le long des monts Krapaks, de la Haute-Vistule aux monts Bulgares, et, pour le faire, ils auraient leur immense et redoutable armée appuyée sur leurs provinces les plus riches en subsistances, et sur une population enthousiasmée, pour la première fois, et de son souverain, et de ses projets. Qui ne voit pas, d'ailleurs, que cette ligne de frontières est beaucoup moins étendue que celles de l'Autriche, même sans comprendre ses Etats d'Italie !

[1] Napoléon a dit : « S'il (l'empereur de Russie) réussit à amalgamer franchement la Pologne et la Russie, tout devra fléchir sous son joug. » (Montholon, t. 2, p. 241.)

[2] On comprend difficilement que, depuis l'établissement en Grèce d'un gouverneur russe, on continue,

Mais en admettant qu'ils pussent être attaqués avec quelques succès sur cette ligne, et qu'en effet ce fût un inconvénient de l'avoir prolongée du Niester aux Dardanelles, cet inconvénient serait bien plus que compensé par l'inappréciable avantage qu'aurait la Russie, de mettre désormais à l'abri d'un coup de main, de la part de l'Angleterre ou de toute autre puissance, ses colonies marchandes et sa marine naissante dans les mers Noire et d'Azow, en fermant les Dardanelles et le Bosphore.

Du reste, il nous sera facile de démontrer que, loin de nuire à la Russie en l'affaiblissant, la conquête de la ville de Constantin, que les temps anciens ont léguée aux temps actuels, comme la plus belle position commerciale du monde, doit, si elle reste dans les mains du Czar, accroître la richesse, la population et la puissance de son empire, et dans une proportion telle qu'on n'a pu s'en faire idée.

dans le midi de l'Europe, à voter pour cette nation, d'ailleurs fort intéressante, des subsides qui vont servir à la Russie pour consolider sa puissance dans cette nouvelle province de son empire.

Avant de nous occuper de cette démons-
tration, il convient de rappeler qu'il suffit
de quelques jours de navigation aux bateaux
à vapeur de la Louisiane pour remonter le
Mississipi, de son embouchure jusqu'à la
hauteur des lacs ', sur une étendue de 12 à
14 degrés, parcourue à peu près perpendi-
culairement du midi au nord ; que la même
facilité existe en Russie pour parcourir le
même espace et communiquer rapidement
soit avec les provinces centrales de l'empire, soit avec la mer Baltique par les fleuves
qui débouchent dans la mer Noire, soit avec
les monts Ourals et la mer Glaciale par le
Don et le Volga, et lorsque le petit canal de
Kamichine sera achevé.

Ce moyen de transport par la vapeur ne
servira guère, comme dans le Mississipi, que
pour remorquer quelques bateaux chargés
de marchandises ayant de la valeur et peu
de poids, et surtout pour remonter les voya-

' La marche des bateaux à vapeur, contre le courant, est de quatre milles (plus d'une lieue) à l'heure,
de huit à dix milles (deux ou trois lieues) dans une
eau tranquille, et de douze à treize milles (trois à
quatre lieues) en descendant les fleuves.

geurs ou matelots qui conduiront les grands bateaux plats dans lesquels on descendra les marchandises de l'intérieur. Ces grands bateaux ou *penèles*, arrivés à Kherson, Taganrok, Ovidiopol, seront dépecés et employés comme ceux qui arrivent à la Nouvelle-Orléans par le Mississipi, ou à Avignon par le Rhône, et serviront aux constructions des maisons qui doivent agrandir et embellir ces entrepôts futurs d'un immense commerce.

Les marchandises qui, de l'intérieur de l'empire, arriveront ainsi par le Niester à Ovidiopol ou Akerman; à Nicolaief par le Bug; à Kherson par le Dniéper; et à Taganrok par le Don et le Volga, seront portées de-là à Sébastopol ou à Constantinople par des bateaux à vapeur qui feront la traversée en quelques jours [1].

Ce moyen de transport convient d'autant mieux à la navigation de cette contrée, que le golfe de Liman et le détroit de Taman, comme la mer d'Azow, n'ayant que très-peu de profondeur, les bâtimens de fort tonnage ne peuvent aborder à Kherson et à Ta-

---

[1] Quatre à cinq jours au plus.

ganrok, ce qui était un grave inconvénient pour le commerce de ces deux villes [1].

On conçoit facilement, par ce que nous avons dit de l'accroissement rapide de la Nouvelle-Orléans en population et en richesses, quel avenir est réservé à Kherson, et surtout à Taganrok, dont les environs produisent le plus beau et le meilleur grain de l'Europe, où doivent arriver par le Don, le Volga et leurs nombreux affluens, et pour y laisser de riches commissions, toutes les marchandises que le nord, le centre, l'est, et presque toutes les provinces méridionales de l'empire ainsi que la mer Caspienne, auront à envoyer aux peuples de la Méditerranée et à leur demander en retour [2].

Odessa n'est pas à beaucoup près aussi favorablement placée que Taganrok, et cependant, à peine sortie de ses marais, à la fin du

[1] La meilleure passe pour entrer dans le Dniéper n'a que 5 à 6 pieds d'eau. Le détroit de Taman n'a que 8 à 9 pieds d'eau.

[2] De riches mines de houille existent à Taganrok, et favoriseront beaucoup la navigation par la vapeur, sur le Don et le Volga, et sur les mers Noire et d'Azow.

dernier siècle, elle comptait déjà sept mille habitans en 1804, et en renferme aujourd'hui plus de quarante mille, dont une partie vit sous la tente en été. Elle doit cet accroissement rapide principalement à son commerce de grains. Les plaines qui s'étendent à l'ouest et au nord de cette ville en produisent beaucoup. Il en arrive surtout au printemps, de la Podolie et de l'Ukraine, des quantités considérables sur chars à bœufs et par convois de deux à trois mille têtes. Ces Animaux pâturent dans les steppes, le long des chemins, sans rien coûter de nourriture. Celle des conducteurs est peu chère, même pour leur retour, dans un pays où tout abonde, excepté l'argent, et où, par conséquent, les terres et leurs produits n'ont que peu de valeur.

Il suit de-là que la main-d'œuvre, sur les points de production et les frais de transport jusqu'à Odessa, étant à vil prix, les grains partis de cette échelle doivent arriver dans les ports de France, à un prix tel que les nôtres ne peuvent supporter la concurrence qu'avec perte de 20 à 3o p. %, même dans les années les moins chères en France.

De-là, la nécessité de fermer nos ports par

des tarifs de douanes chargeant les blés étrangers ; mais de-là aussi les représailles de la part de la Russie sur nos produits fabriqués, les soieries par exemple, d'où il suit que la France perd toujours avec la Russie, soit sur les blés, soit sur les soies, et qu'en définitive c'est le cultivateur de nos provinces méridionales qui paie la balance du commerce avec la Russie.

Il suit encore de-là que notre agriculture méridionale perdra, tant que le gouvernement ne baissera pas l'impôt dans les provinces qui souffrent, ce qui laisserait toujours la perte pour le compte de la France, ou bien tant que l'entrée des grains étrangers dans nos ports ne sera pas défendue ; mesure à laquelle la Russie ne tarderait pas à répondre par des représailles sur nos soieries, dont elle ne voudrait plus, ce qui ruinerait alors nos cultivateurs de mûriers du midi et nos fabricans de Lyon.

On voit que c'est, en grande partie, aux dépens de notre agriculture, qu'Odessa doit son agrandissement et sa richesse ; mais s'il en est ainsi et forcément, dans les années ordinaires, ses bénéfices augmentent singu-

lièrement pour elle dans les années de cherté
en France ; en voici la raison.

En temps ordinaire, le blé d'Odessa ar-
rivé à Marseille, et, expédié par terre dans
l'intérieur, doit parvenir à Avignon et même
au-delà, pour que ces nouveaux frais de
transport, ajoutés au prix de l'Odessa rendu
à Marseille, élèvent sa valeur, à peu près,
au prix courant des blés venant de la Saône.
Mais dans les années de cherté, les prix
montant beaucoup en France, le blé
d'Odessa peut arriver plus avant dans l'intérieur avant de se trouver à égalité de prix
avec le blé de la Saône. Ainsi, en 1817, ce
grain étranger monta à Grenoble, au-delà
de Lyon, et jusqu'à Genève. Il s'en suivit une
plus forte consommation, conséquemment
plus de bénéfice pour Odessa; et comme
tout s'enchaîne dans le bien comme dans le
mal, on voit que, sous ce rapport, la France
méridionale aurait à souffrir davantage dans
son agriculture, si on parvenait à remonter
le Rhône par la vapeur, avec des bateaux
chargés de grains ou de farines dont le transport coûterait moins par ce procédé que par
le roulage.

Ce que nous disons relativement aux grains de la mer Noire ou d'Azow, s'applique parfaitement aux fers qui nous arrivaient de Russie ou de Suède.

La nécessité de créer pour la France une branche d'industrie, dont le produit est aujourd'hui de premier besoin par l'emploi prodigieux qui s'en fait, et de mettre notre pays en position de ne pas manquer de fer en cas de guerre maritime, fit sentir au gouvernement le devoir de favoriser nos maîtres de forges par des droits sur les fers étrangers.

Les gouvernemens du Nord ont répondu à cette mesure par des droits sur nos vins fins, droits qui non-seulement pèsent sur l'agriculture, mais qui la menacent d'une ruine certaine, en réduisant presque à rien les quantités considérables de vins qui se consommaient dans le Nord et qui restent maintenant sans emploi, à Bordeaux, en Bourgogne et en Dauphiné.

Que si, pour favoriser nos pays de vignobles, on diminue les droits sur les fers, nos forges souffriront, et voilà le cercle vicieux dont nous parlions plus haut.

Il suit de-là, que tant que nous aurons à envoyer des objets d'échange en Russie, nous serons en perte avec elle, en raison de la facilité qu'elle aura de nous livrer ceux que nous consommons à des prix inférieurs aux nôtres, et cette facilité sera d'autant plus grande pour elle, que le prix de ses terres, si riches en produits, si faciles à cultiver, n'est rien, comparativement au prix d'achat des nôtres dont la culture est si chère et rend si peu ; que d'un autre côté, sa main d'œuvre et ses transports locaux sont à vil prix, lorsque les nôtres sont si chers.

Cette facilité s'accroîtra pour elle, à notre détriment, lorsque sa marine marchande s'augmentant, elle pourra transporter elle-même les produits de son sol, de ses ports dans ceux de la Méditerranée, et à meilleur compte que ne pourront le faire les bâtimens italiens, autrichiens, français, anglais ou siciliens, ce qui ne tardera pas, parce que les constructions des bâtimens russes, leurs gréemens ou mâtures et leurs provisions coûtant la moitié moins dans la mer Noire, que dans la Méditerranée, et les marins grecs ou russes vivant avec une frugalité toute hollandaise, ils pourront mettre le prix *du fret* plus bas que tous les capitaines étrangers, qui seront forcés, par-là, de quitter la concurrence et de s'éloigner [1].

Ce que nous avons dit des blés et des fers s'applique également :

A la viande fumée, que le Volga et le Don fourniraient à toute la Méditerranée;

Au poisson salé, dont la marine de l'Europe méridionale et les peuples catholiques, dans leurs jeûnes ou leurs carêmes multipliés, feraient une forte consommation;

Aux huiles communes, que les habitans des îles et du périple de la Méditerranée emploieraient à leurs fabriques de savons, et à leur usage journalier, en éclairages, en apprêts, etc.;

Aux suifs, toujours chers dans le Midi, et aux *chandelles fabriquées*, toujours recherchées de préférence aux nôtres, par le

[1] On pourra se faire une idée exacte du bénéfice qui en résultera pour la Russie, si on se rappelle que le fret donne annuellement aux États-Unis plus de 60 millions de fr. (*Descript. des Etats-Unis*, Warden, t. 5, p. 601.)

bas prix d'abord, ensuite par leur qualité bien supérieure ;

Aux laines et aux cuirs, dont les qualités communes seront toujours préférées, pour l'emploi, à celles des peuples du Midi, même à égalité de prix.

Aux bois de construction [1], dont la bonté et la beauté surpassent ce que nous avons de mieux, même en Corse et en Sardaigne, où l'exploitation d'ailleurs est beaucoup trop chère, et que toutes les marines de la Méditerranée et même l'Espagne occidentale, achèteraient de préférence pour leur usage.

Chose admirable! un mât de cinquante à cinquante-cinq pieds de longueur, pris dans le centre de la Russie, vers Ttchérikof et Tchernigof, et qui, remontant le Niéper, descendait ensuite à Riga, et y coûtait 12 à 1,300 francs, avant la construction du canal Bérésina, ne coûtera pas 200 francs rendu à la mer Noire ; et lorsque le canal du Don au Volga sera fait, un pareil mât, tiré des monts *Ourals*, qui touchent à la Sibérie,

---

[1] Kherson fait déjà un commerce assez considérable de bois de construction et de mâtures avec Odessa.

embarqué sur la Tchoutchovaïa ou sur l'Ouffa, et de-là sur la Kama, le Volga et le Don, ne coûtera pas, à beaucoup près, rendu à la Méditerranée, ce qu'il coûtait pris sur le Niéper et rendu à Riga, avant l'ouverture du canal Bérésina, et cependant l'espace à parcourir est quadruple. Un pareil mât, rendu à Constantinople et peut-être à Toulon, après un trajet de mille à douze cents lieues, lorsque les bateliers ou *rase-liers* pourront retourner chez eux en bateau à vapeur, par le Don et le Volga, en peu de jours et presque sans frais, coûtera moins que s'il était pris dans les Pyrénées, dans les Alpes ou en Corse, soit parce que le défaut de bonnes routes y rend le transport fort cher, soit à cause de la cherté de notre main-d'œuvre.

Ce que nous avons dit plus haut des grains et d'autres objets, s'applique bien mieux encore aux *chanvres*, *cordages*, *toiles à voile*, *brais*, *goudrons*, *poix*, *térébenthines*, tous de qualité excellente, qui devrait les faire préférer, alors même que les prix seraient égaux, tandis que les nôtres ne peuvent lutter, sous ce rapport, tant à cause de la cherté de notre main-d'œuvre que de celle de nos transports des points de fabrication sur ceux de consommation. Il faut donc s'attendre que toutes les marines de la Méditerranée les emploieront.

Comme les chanvres, le *lin russe* est d'une qualité supérieure qui fera rechercher les toiles de Moscovie par tous les peuples des pays chauds, et notamment de l'Espagne, où le Dauphiné seul en envoyait annuellement pour plusieurs millions. Il en sera de même des *linges ouvrés* généralement si chers dans le Béarn, dans le midi de la France et chez tous les peuples qui avoisinent la Méditerranée, ou qui habitent ses îles.

Enfin, la même remarque s'appliquera également aux *beurres*, aux *graisses*, aux *peaux* des monts Ourals; aux *soudes, huiles de poisson, poissons fumés* et autres marchandises du haut et bas Volga et de la mer Caspienne, qui se vendront toujours au-dessous des prix méditerranéens.

Tels sont les objets principaux d'exportation que la Russie se propose de verser par la Méditerranée sur les marchés des nations du midi de l'Europe, et c'est avec la jeunesse et la force d'un peuple et d'un pays neuf, couvert de forêts et de produits, qu'elle vient lutter contre des peuples et des pays plus ou moins épuisés par une longue civilisation.

La lutte ne peut être ni longue ni douteuse, et la génération qui s'élève comptera cet envahissement d'une espèce toute nouvelle, au nombre de ces grandes migrations descendues du pôle pour envahir le midi.

Ce n'est pas tout :

Après s'être étudiée à nous donner *le plus possible*, la Russie s'attachera à nous demander *le moins qu'elle pourra.*

Ainsi les vins, les huiles, les laines d'Espagne, elle les remplacera par les vins de l'Archipel, par les huiles bien meilleures de la Grèce et de ses îles, et par les laines de ses mérinos qu'elle promènera par troupeaux innombrables, en été dans les provinces du nord, et en hiver dans toutes les provinces du midi [1].

Elle cherchera à remplacer nos *vins de*

[1] Déjà de nombreux troupeaux de cette espèce prospèrent dans l'ancienne Chersonnèse, en Crimée et dans les environs d'Odessa. Une seule famille y possède 37,000 mérinos.

France par les vins des gouvernemens de Tauride, d'Ekaterinoslaw, et par des plantations de nos meilleurs *crus*, dans toutes les provinces du midi. Ainsi, du plan de Bourgogne a été planté en Bessarabie, et ces vignobles donnent aujourd'hui d'excellent vin.

- *Ses fabriques de soie* d'Yaroslaw, Kalouga, Moscou, Toula, seront multipliées et alimentées par les récoltes de l'Ukraine, de Saratof, de Crimée et du Caucase, et par celles des provinces persanes nouvellement conquises, dont la soie, en partie plus forte que celle de France, vaut mieux que cette dernière pour le tissu et surtout pour la trame, à laquelle nous sommes forcés d'employer les premières soies d'Italie [1]. De grandes plantations de mûriers ont eu lieu et s'accroîtront successivement [2].

[1] Ce n'est pas sans étonnement que les marchands français ont vu, à la dernière foire de Leipsick, et en concurrence avec les soieries de Lyon, des étoffes de soie unies fabriquées en Russie, égales en qualité aux nôtres, et à bien meilleur marché que celles de Lyon!

[2] On évalue à plusieurs millions les mûriers déjà plantés dans les dix gouvernemens les plus méridionaux.

\- *Ses manufactures de coton* de Kalouga, Tamboc, seront multipliées et alimentées par les cotons filés ou en rame du Mazanderan, des autres provinces persanes anciennement ou nouvellement conquises, ou par les cotons provenant de ses échanges avec l'Asie-Mineure, la Perse ou l'Egypte.

Ses navires marchands iront chercher aux Antilles du sucre, du café, de l'indigo, de la cochenille, jusqu'à ce qu'elle en trouve dans ses provinces asiatiques ou dans celles dont l'occupation du Bosphore nécessiterait la conquête; ils iront chercher dans le Nouveau-Monde les bois de teinture, la vanille, etc., et gagneront ainsi des frets importans.

Avec leurs troupeaux de mérinos, ils multiplieront leurs fabriques de draps fins, et leurs produits, sous ce rapport, ne suffiront pas seulement à leurs besoins; on les trouvera bientôt en concurrence sur les marchés asiatiques, avec les draperies autrichiennes, anglaises et avec les nôtres. Le peu que nous aurons à en livrer désormais, joint à la bijouterie, aux glaces, aux dentelles, aux modes, à quelques soieries ouvrées, et à quelques autres objets de mode ou de caprice, seront bientôt les seules marchandises qu'ils ne puissent nous enlever, et malheureusement ces objets ne pourront jamais être d'une grande importance dans la balance commerciale que le gouvernement russe nous prépare, et qui est entièrement et forcément à son avantage.

Or, c'est une vérité démontrée, que la balance de la puissance penche toujours du côté que favorise la balance commerciale.

Ainsi la France (et tous les peuples voisins seront dans le même cas) aurait cruellement à souffrir de ce nouvel état de choses et verrait s'éteindre successivement une grande partie des moyens de prospérité avec lesquels elle paie un milliard de contributions.

Qu'on ne s'y trompe pas ; il n'y a rien d'exagéré dans ce que nous venons d'avancer, et si les Russes restent maîtres des Dardanelles, ce n'est plus en Amérique et dans les grandes Indes que nos jeunes aventuriers devront aller chercher la fortune[1]. La mer

[1] La population d'Odessa est composée presque entièrement d'étrangers, dont plusieurs sont possesseurs de grandes fortunes commerciales et territoriales.

Noire les attend..... Le Bosphore leur est ouvert.....

On voit que la *Scythie russe*, en tout semblable à la *Scythie américaine*, par sa position, par la nature de ses produits et par les moyens de les exploiter, en obtiendra les mêmes résultats ; et, pendant que l'une avec des approvisionnemens énormes qu'elle expédie du Mississipi, de l'Ohio à 2,300 ou 2,400 lieues de distance, nourrit l'Angleterre, le Portugal, Cadix, Gibraltar et d'autres parties de l'Europe [1]; l'autre verse ses grains d'Ukraine et de Tagaurok en Grèce, en Italie, en Provence et même jusqu'à Barce-

---

[1] En 1804, les exportations des États-Unis, en produits indigènes, étaient de 207 millions, dont :

71 mill. en farines et autres substances végétales.

36 mill. en poisson salé mariné, bœuf, porc, beurre, etc.

100 mill. en coton, tabac, bois, provisions de mer, etc.

207 total égal.

En 1818, les exportations en produits indigènes se sont élevées à la somme de 406 millions, dont 387 millions pour l'Europe. C'est presque le double des exportations de 1804. Conséquemment, les exportations en farines, riz ou autres substances végétales pour l'Europe, ont dû dépasser 120 millions.

lonne et à la côte méridionale de l'Espagne, par un trajet de 900 à 1,000 lieues [1]; toutes deux, sans crainte de se trouver, sur ces points de consommation, en concurrence avec la France, qui, bien que voisine de ces mêmes points de consommation et n'ayant presque aucun frais de transport pour y arriver, ne peut cependant y donner sa marchandise à aussi bas prix et se trouve forcée de la garder.

Ainsi commencent à se toucher ces deux grands corps politiques que la Providence avait placés à de telles distances, et qu'elle avait séparés par de vastes mers, mais que les intérêts commerciaux de leurs sujets semblent rapprocher, pour créer probablement entre eux des rivalités, des jalousies, qui, suivant la nature des choses et l'histoire du genre humain, seront suivies de guerres sanglantes....

Que si les résultats de ces luttes à venir

[1] A la fin de 1822 et au commencement de 1823, cette partie de la côte méridionale de l'Espagne tira de l'entrepôt de Marseille, ou de la côte de Gênes, plusieurs centaines de mille quintaux (marc) de grains d'Odessa et de diverses espèces.

pouvaient se calculer par la plus grande influence commerciale qui sera dévolue à l'un
de ces deux grands peuples, nul doute que
cette influence, provenant de l'importance
des relations et du plus grand nombre de
consommateurs que l'un de ces peuples aura
pu procurer à ses produits, n'appartienne
un jour à la Russie, si ses institutions ou
quelque grande catastrophe ne tendent pas
à contrarier la force des choses et les effets
prochains de son action sur l'Europe, et
bientôt sur le nord de l'Afrique ainsi que
sur toute l'Asie.

Quoi qu'il en soit de ces conjectures qui
peuvent paraître plus ou moins probables
et plus ou moins éloignées, l'on conçoit
que le Czar veuille, en s'emparant de Constantinople, tenir désormais dans ses mains
les clefs du Bosphore, et assurer à ses sujets
autrement que par des traités, toujours faciles à éluder ou à rompre, la sortie de la
mer Noire.... L'on conçoit encore mieux
que, pour arriver à ce but si important pour
son empire, il n'ait pas attendu que ses entrepôts de la mer Noire aient acquis une
partie de l'importance et de la richesse qu'ils

doivent avoir un jour, de crainte que l'Europe, ouvrant enfin les yeux, ne cherchât à restreindre ce passage, ou à le fermer tout-à-fait, ce qui ferait subir aux nouvelles villes moscovites des mers Noire et d'Azow, le sort de celles qui florissaient jadis sur les mêmes rivages, et qui maintenant ne sont plus.

Mais cette tyrannie de position relativement à la Méditerranée, la Russie pourra-t-elle la soutenir par la force des armes?

La réponse ne nous semble guère douteuse. Nous avons parlé de son armée; parlons de sa flotte.

Les ports de Sebastopol et de Constantinople sont les plus beaux ports de l'Europe. On a vu combien il en coûtera peu au gouvernement russe pour y créer les flottes qui lui seront nécessaires; bois, cordages, voiles, brais, goudrons, fer, cuivre, zinc, tout y abonde, et à vil prix [1].

Les fonderies de Tambof et Petrowsky, Toula et Constantinople, donneront des canons et des armes.

---

[1] Un vaisseau de 80 canons ne coûte pas à la Russie le cinquième de ce qu'il coûte à la France.

Les gouvernemens d'Astrakan et d'U-
kraine fourniront du salpêtre.

Il lui manquait de bons constructeurs, de
bons officiers de marine, de génie, d'artillerie pour ses armées et ses écoles militaires [1];
nos désastres de Russie en 1812, nos dissensions civiles en 1815 lui en ont donné, ainsi
que des manufacturiers d'armes, de soieries,
et des agriculteurs.

Il lui manquait des marins pour équiper
sa flotte de guerre et sa flotte marchande;
son protectorat sur la Grèce lui en assure
d'intrépides et en nombre suffisant.

S'il lui manque de l'argent, la conquête
lui en donnera et les grands banquiers aussi,
car les conquérans heureux n'ont jamais
manqué de crédit.

[1] Des officiers de génie français ont construit, dans
les combles des Invalides, pour l'instruction des jeunes
officiers russes, des modèles en reliefs d'une ville as-
siégée, avec la représentation exacte de tous les
moyens d'attaque et de défense. Ces modèles ont été
envoyés à Saint-Pétersbourg, et il est probable que
parmi les officiers russes qui, en ce moment, se trouvent aux siéges des places turques, plusieurs ont puisé
leur science sur les modèles en question.

S'il est vrai que l'entrée de la baie de la Chésapeak aux Etats-Unis soit défendue par un énorme vaisseau de guerre à vapeur, véritable citadelle mouvante, n'est-il pas permis de penser que cet exemple sera imité avant peu ? Et qui mieux que la Russie aurait l'occasion et la facilité de faire cette épreuve en défendant le canal des Dardanelles par le moyen employé dans la grande baie de Washington [1] ?

Que si, comme on le croit généralement, ce système de vapeur peut un jour s'appliquer aux frégates et autres vaisseaux de haut-bord, les Anglais ne seraient-ils pas exposés à perdre l'avantage que leur donne la science des manœuvres qui jusqu'à présent, et sur mer et sur terre, a fait gagner les batailles et sauvé les empires !

[1] La frégate à vapeur construite à New-York a 145 pieds de long sur 55 de large. Sa marche, soit en avançant, soit en reculant, est de trois milles et demi (une lieue un quart) à l'heure; la roue qui est placée au centre est protégée par des bordages qui ont 6 pieds d'épaisseur, dans cet endroit seulement, et 4 et demi dans les autres. Cette frégate porte 30 canons de gros calibre, et on la regarde comme imprenable.

Le cas arrivant, si les Anglais, pour ne pas être coupés dans leurs lignes, étaient forcés de prendre aussi des vaisseaux à vapeur, il en résulterait que, sur mer comme sur terre, les gros bataillons finiraient par avoir raison, ce qui serait tout à l'avantage de la Russie et au grand détriment de l'Europe que rien ne pourrait alors soustraire à sa destinée.

Quoi qu'il en soit, il est probable que de la conquête de Constantinople résulterait, pour Saint-Pétersbourg, la nécessité de renoncer à sa suprématie sur les autres villes de la Russie, à cause de sa position à l'extrémité nord de l'empire. Il semble d'ailleurs que la Providence veut qu'il en soit ainsi ; car les vents d'ouest, qui, tous les huit ou dix ans, soufflent avec une grande violence dans le golfe de Finlande, chassent ses eaux vers la *Néva*, et refoulent celles de ce fleuve, qui inondent Saint-Pétersbourg et le mettent dans le danger de périr. C'est alors que les navires qui sont dans le port de Cronstadt, chassent sur leurs ancres, et se brisent à la côte.

Ce grave inconvénient et plus encore les conquêtes au midi ramèneraient la suprématie à Moscou et peut-être à Kiow, toutes deux situées au centre de l'empire, dans des pays aussi fertiles, aussi rians que celui de Saint-Pétersbourg est peu favorisé.

Voilà pour l'Europe, jetons un coup-d'œil sur l'Orient.

L'on sait que, dans les temps les plus reculés, le commerce des Indes avec l'Europe se faisait par le golfe *Persique*, d'où les caravanes se rendaient à Tyr et dans les autres ports de la Méditerranée.

Alexandre-le-Grand changea la direction de ce commerce, et le porta dans la mer Rouge, par Suez et Alexandrie.

La conquête de l'Egypte, par les Arabes, détruisit cette ligne de communication, qui s'établit dans deux directions aboutissant à Constantinople, dont la principale, suivie par les caravanes, dont *Marc-Paulo* nous a donné l'itinéraire, traversait le plateau du Thibet. Mais ce moyen trop long et trop coûteux fut abandonné lors de l'invasion de la mer Noire par les Turcs, à peu près à l'époque de la découverte du cap de Bonne-Espérance.

Nul doute que si le canal de Suez au Nil

était rouvert, et si l'Egypte était gouvernée sagement, le commerce des Grandes-Indes ne reprît l'ancien chemin tracé par le fils de Philippe. Qui sait si quelque nouvel Alexandre de notre époque n'a pas déjà calculé la réalisation de ce projet, en appuyant sa réussite sur l'influence qu'aura toujours en Egypte le souverain qui, maître du Bosphore et d'une partie de l'Asie-Mineure, exercera sur la Méditerranée une prépondérance commerciale et maritime telle que nous l'avons fait entrevoir !

Ce qu'il y a de certain, c'est que rien ne transmet à l'avenir le nom d'un grand prince, comme un changement de direction donné au commerce du monde.

D'un autre côté, la Russie, forcée de renoncer à la recherche d'un passage en Chine par le pôle nord, et ne pouvant recevoir les épices et aromates dont elle fait une si grande consommation, que par le sud, doit désirer qu'ils lui arrivent plus directement, ainsi que les objets qu'elle tire de la Chine et qui lui parviennent en Europe, par l'intérieur de la Sibérie. Les peuples méditerranéens et européens, dont les intérêts, sous ce rapport, seraient d'accord avec ceux de la Russie, salueraient du surnom d'Immortel le souverain qui parviendrait à mettre à exécution ce grand projet dont l'Angleterre seule aurait à souffrir.

D'un autre côté, nous venons de voir, par le résultat de la dernière guerre entre la Russie et la Perse, qu'une poignée de Russes a dicté des lois au dernier héritier du trône de *Koulikan*, et que l'Angleterre n'a paru soutenir que par des vœux bien stériles, un allié aussi ancien, aussi utile pour couvrir de ce côté ses possessions dans l'Inde.

Le moment n'est pas éloigné, peut-être, où un corps de 40 mille Russes et un millier d'officiers d'infanterie, de cavalerie, d'artillerie et du génie, incorporés dans les armées indiennes, suffiraient pour renverser la puissance anglaise dans l'intérieur des terres; en même temps que deux frégates partant à l'improviste des ports de *Saint-Pierre et Saint-Paul*, au Kamtschatka, détruiraient tous les comptoirs et le commerce anglais des côtes de l'Inde.

Ce que Paul Ier a tenté de concert avec Napoléon, Paul II ou tout autre Czar peut

l'exécuter ; et les temps ne sont plus où ,
pour renverser de semblables projets, *il suf-
fisait d'envoyer un lord Withworth à Saint-
Pétersbourg*. L'Angleterre, comme ces grands
banquiers dont la fortune est basée sur le
crédit, et qu'anéantit un événement imprévu,
n'a que trop révélé sa faiblesse réelle, depuis qu'elle ne reçoit qu'une faible partie de
l'argent que le Mexique envoyait à l'Europe avant 1821, et qu'elle est forcée de porter *en même quantité*, à la Chine et aux Mo-
luques, en échange de leurs thés et de leurs
épices [1]. Dans les conseils du Czar, comme
à la cour de Téhéran, elle paraît avoir laissé
bien affaiblir, si elle n'a perdu totalement
cette influence magique qu'elle avait si long-
temps exercée au moyen des trésors du My-

---

[1] Voilà la cause principale du *déficit* en numéraire
qui se fait sentir en Europe, et qui, jointe aux envois
d'écus au Mexique par les spéculations aventureuses
des Anglais, ont bouleversé tant de fortunes en Angleterre. Il est probable que ce déficit s'accroîtra annuellement jusqu'à ce que les mines mexicaines, ou
d'autres, donnent autant de produit qu'avant 1821 ,
ou que l'énorme consommation de l'Europe, en thé
et en épices, diminue en proportion de l'argent qui
entre en moins dans la circulation depuis 1821.

sore et de ses bénéfices sur le commerce du globe ; influence qui, s'évaporant devant la puissance éminemment matérielle des bataillons russes, semble réduire la Grande-Bretagne à un rôle secondaire en Europe , et laisse bien aventurée sa puissance dans l'Inde [1].

L'Angleterre !.. ah ! que ce nom rappelle de violences , de déceptions politiques ! Mais qu'il rappelle de grands souvenirs , et combien l'Europe lui doit de reconnaissance !

Quoi qu'il en soit de ces événemens, dont la réalisation à une époque peu éloignée nous semble au moins probable ; si, bornant notre pensée aux résultats directs que doit avoir pour nous l'établissement des Russes aux Dardanelles , nous sommes forcés d'en conclure, comme nous croyons l'avoir démontré, que le midi de l'Europe aura beaucoup à souffrir de ce grand événement ;

[1] Pierre-le-Grand, dans son Testament politique, indique à ses successeurs les moyens à suivre pour arriver à Constantinople *et au golfe Persique*, pour rétablir l'ancien commerce *des Indes* par l'Asie-Mineure.

en revanche, les destinées de la Russie, *si on les laissait s'accomplir*, porteraient cet empire à un degré de force et de splendeur dont nous ne retrouvons aucun exemple dans l'histoire.

En effet, que Tyr, Carthage, Palmyre, Alexandrie, Venise, et tant d'autres, après avoir fait successivement le commerce du monde, après avoir acquis et perdu la puissance que donne la richesse, n'aient laissé, comme preuve de ces richesses éteintes, que quelques vains monumens, ou de fastueux débris, cela se comprend d'autant mieux, que ces cités marchandes n'étaient, dans le fait, que de véritables entrepôts, de vastes bazars à la manière de l'Orient, sans consistance, sans force solide, et dont l'importance due à leur position géographique et non à leur génie, tombait quand un événement inattendu forçait le commerce à prendre une autre direction.

Londres elle-même, qui a laissé si loin derrière elle toutes ses devancières; Londres, qui, de sa chaîne d'or, enveloppe le globe, et dont *les Doks* reçoivent en masse les produits d'un hémisphère, pour les répartir dans un autre ; Londres , dont le génie si puissamment aidé par ses institutions a su se créer une population factice [1] pour suppléer à la population effective qu'un sol ingrat et rétréci ne pouvait lui donner, afin de mettre en œuvre les produits bruts de la terre entière, et de les lui revendre confectionnés ; Londres enfin, qui a fait, tour à tour, un si noble usage et un si grand abus des richesses que lui procurait son immense commerce de transport et manufacturier ; Londres tombera, par cela seul que sa puissance commerciale n'est pas appuyée sur une population véritablement anglaise , plus considérable et plus agglomérée, sur un sol capable de la nourrir [2]. Elle tombera comme Tyr

[1] On évalue à 3 millions les bras représentés par les machines en Angleterre, et à 60 millions les bras qui, dans l'Inde, travaillent pour elle, et presque pour rien, tant la main-d'œuvre y est à vil prix.

[2] Un grand ministre, père du plus grand homme d'État qui ait passé sur notre scène politique depuis trente ans, *lord Chatam*, voulait, dit-on, que le peuple anglais, emportant ses dieux lares, se transportât tout entier en Amérique.

Cet homme célèbre avait vu ce qui manquait à son

devant Alexandre, comme Palmyre et Carthage devant les Romains; et cela nonobstant tous les moyens puniques dont elle a abusé quelquefois, et qui pourraient, tout au plus, prolonger quelque temps son existence. De tels moyens ont pu retarder la chute de l'empire romain et celle de l'empire grec; mais Odoacre ne s'est pas moins assis sur les débris du Capitole, et Mahomet II n'a pas moins foulé des pieds de son cheval le marbre sacré de Sainte-Sophie.

Mais à quelles destinées ne serait pas appelé un peuple, arrivant à la civilisation, avec la jeunesse et la vigueur de la barbarie! Comme tel, apte à recevoir toutes les impressions que donnent les sages institutions et les bonnes lois; un peuple possesseur de terres d'une immense étendue, d'une fertilité primitive, pouvant recevoir et nourrir avec facilité une population agglomérée de plus de 150 millions d'habitans, dont les communications entre eux seraient rapides par des fleuves, par des canaux multipliés; un

pays. Ceux qui l'ont suivi au pouvoir, malgré quelques succès brillans, mais passagers, ont peut-être plus d'une fois regretté que son conseil n'eût pas été suivi.

peuple laborieux, actif, passionné pour toutes les gloires, propre à toutes les cultures et à toutes les industries; un peuple déjà fier de sa force, parce qu'il sait, par expérience, qu'il peut beaucoup sur les autres et qu'on ne peut rien sur lui; un peuple qui n'attend que de bonnes leçons et des consommateurs pour donner à ses terres toute la production qu'elles peuvent obtenir, et dont l'Europe doit être forcément tributaire .... Un tel peuple, croissant rapidement en opulence, en pouvoir, arriverait à un degré de puissance inconnu jusqu'à ce jour.

Et s'il parvenait jamais à ajouter à son commerce industriel, basé sur les produits de son sol et de sa population, le commerce d'entrepôt dont nous avons parlé, et qui a rendu tant de villes célèbres dans l'antiquité, à coup sûr ce peuple serait appelé, un jour, à faire ce que l'Angleterre n'a pu qu'indiquer, c'est-à-dire à donner des relations nouvelles à tous les habitans de la terre, et à changer ou modifier leurs institutions.

Quoi qu'il en soit, il est facile de conclure de tout ce qui précède, combien il serait dangereux pour le bonheur à venir de l'Europe et de la France en particulier, que le Czar parvînt à s'établir sur le Bosphore.

Il est également facile d'en conclure combien il importe aux nations européennes, et surtout à la France et à l'Angleterre, que les peuples qui posséderont la Turquie d'Europe et la Turquie d'Asie, soient, comme les Ottomans, arrêtés dans le développement de leur civilisation et de leur industrie, par leurs principes religieux et par leurs habitudes, qui, pour des Orientaux, sont aussi une religion, et qu'ils soient ainsi pour nous, ce qu'ils sont depuis des siècles, consommateurs sans être grands producteurs ; et conséquemment que Constantinople et le Bosphore restent sous la main des Turcs [1].

[1] Peut-être cette opinion trouvera-t-elle quelques contradicteurs, sous le prétexte que l'on doit, au contraire, faciliter le développement de la civilisation sur tous les points du globe ; mais j'avoue, avec ingénuité, qu'avant d'être citoyen de l'Europe, je suis Français, et que je préfère la prospérité de mon pays à celle du reste de la terre.

Laissez faire, laissez passer, le commerce pourvoira à tout, disaient M. Turgot et les économistes de son temps. Quelques écrivains de nos jours pensent

Si, sur ce point important, nos raisonne-
mens portent conviction, et si les consé-
quences que nous en avons déduites sont
justes, il nous paraît impossible que les sou-

ainsi; mais avec cette maxime commode, toutes nos
populations maritimes consommeraient les produits
de la mer Noire ou de la Louisiane, et notre agriculture serait perdue. La diminution de l'impôt direct
et indirect, et conséquemment de la richesse publique,
en serait la suite inévitable.

Smith a dit : *La preuve la plus décisive de la prospérité d'un pays, est l'accroissement du nombre de ses
habitans.* Il n'est pas de peuple sur la terre qui, sur
un espace donné, soit plus nombreux, et qui ait plus
d'ancienneté que le peuple chinois, et cependant il
suit la maxime contraire à celle de Turgot.

Sans doute, pour des peuples qui commenceraient
et croîtraient en même temps; si, par exemple, cha-
cun des États de l'Union voulait être gouverné séparé-
ment, des barrières de douanes, entre eux, seraient
une monstruosité; mais dans la lutte entre des peuples
et des pays neufs, avec des peuples et des pays vieillis
par la civilisation, il faut une barrière conservatrice
pour ces derniers, autrement ce serait un combat,
au pugilat, entre un jeune homme vigoureux et un
vieillard décrépit; le dernier succomberait forcément.

De-là, il suit que les économistes qui veulent des
barrières, et ceux qui n'en veulent pas, ont également
raison. Il ne faut que s'entendre.

verains, dans les intérêts de leurs peuples, intérêts qui sont aussi les leurs ; dans l'intérêt du dogme sacré dont ils ont annoncé vouloir faire la base de leur politique , depuis la restauration de 1815 , ne se hâtent de prendre toutes les mesures de conservation qui sont en leur pouvoir.... Et qu'on ne s'y trompe pas! les pourparlers, les négociations sont inutiles ; il faut voler au secours de notre plus ancien allié...... Demain , peut-être, il ne serait plus temps.

Si l'Angleterre , par une de ces inspirations qui l'ont illustrée tant de fois , voyant le danger qui menace l'Europe dans son avenir, et dont le plus imminent est pour elle, et sentant la nécessité de faire taire et peut-être pour toujours, ses rivalités avec la France, en s'alliant étroitement avec elle ; si usant de son influence sur les puissances de l'Europe pour les déterminer à faire à l'amour-propre justement blessé de la France , et à l'intérêt bien entendu de la civilisation , des concessions territoriales que la Providence semble avoir indiquées, et qui seraient à la fois une indemnité et une garantie pour nous, ainsi qu'un point d'appui inébranlable pour les trônes menacés ou en péril ;

Si l'Angleterre, de concert avec la France, achevant ce qu'elle a si bien commencé, et mettant fin aux désordres du Portugal et de l'Espagne, ramenait ces deux puissances à leur véritable intérêt, en les obligeant à graviter avec les intérêts européens, et parvenait à ranimer le corps social en forçant les métaux mexicains à reprendre avec quelques modifications leur ancien cours;

Si l'Angleterre, faisant considérer à l'Autriche que plus de la moitié de sa population, *Slave* par son origine, sa langue, ses mœurs, sa religion, ses affections, est plutôt russe qu'allemande, et laisse à découvert sa frontière orientale [1] depuis l'Illyrie jusqu'à la Gallicie ; que ses quatre millions d'Italiens mécontens ont besoin d'être contenus; que pressée à l'Orient par la barbarie [2], à l'Occi-

---

[1] L'Autriche compte 17 millions de ses sujets, Slaves d'origine, et dont la plupart reçoivent tous les ans leurs livres de prières de *Russie*.

[2] Les instructions précitées de Pierre-le-Grand prescrivent positivement de diviser les peuplades diverses, sous la domination autrichienne, pour arriver à les subjuguer.

dent par la civilisation, elle n'a de salut qu'en s'appuyant sur cette dernière qui, à son tour, lui donnera avec empressement l'appui que réclame sa fâcheuse position;

- Si l'Angleterre faisait concevoir au Danemarck et surtout à la Suède qu'après s'être emparée des clefs du *Sund de la mer Noire*, pour la sortie de ses produits du Midi, la Russie éprouve un égal besoin de s'emparer des clefs du *Sund de la Baltique* pour la sortie de ses produits du nord, ce qu'elle fera tôt ou tard [1];

Si nonobstant les intentions publiquement manifestées par la Prusse, et que ses véritables intérêts semblent désavouer en secret, parce que, soit par le vice de son organisation primitive, qui la porte à s'étendre pour se conserver, soit par une ambition peu réfléchie, elle se trouve placée, relativement à la Russie, dans la fâcheuse position où elle était en 1811 relativement à la France; l'Angleterre offrait à cette monarchie de

---

[1] Pierre Ier a recommandé d'usurper sur ce pays, et de finir par le subjuguer. On voit que ses instructions sont bien suivies : la Finlande est acquise; le moment viendra pour le reste.

nouvelle création une organisation qui lui donnerait une population plus nombreuse, plus allemande, plus agglomérée, conséquemment plus forte, pour élever et soutenir, de concert avec le corps germanique, une barrière contre la Russie ;

Si plus tard, et bien convaincue qu'entre deux nations ennemies depuis des siècles, il faut des siècles pour opérer une fusion complète entre elles, l'Angleterre rappelait à la Pologne que jadis elle brûla Kiow et commanda dans Moscou, et que son ancienne existence, comme nation, mais avec une forme de gouvernement stable, serait désormais aussi nécessaire à la sécurité de l'Europe qu'au bonheur des Polonais;

Si l'Angleterre, dont le génie sut se développer avec plus d'éclat à mesure que les circonstances devinrent plus critiques, offrant pour la première fois peut-être, en expiation des fautes qu'elle a commises, et dont l'Europe porte le poids avec elle, l'oubli de ses anciens préjugés nationaux et de son égoïsme politique dans l'accord d'intérêts si divers, si opposés, et amenait par ce moyen les puissances à comprendre l'étendue, l'imminence du danger, et la nécessité d'appeler, pour le combattre, l'opinion et les bras de tous les peuples menacés ;

Si l'Angleterre, en attendant que les bataillons de l'occident de l'Europe marchent au secours de l'Autriche, et pour parer aux premiers dangers, transportait en Romélie toute l'armée égyptienne, et confiait la garde de la Grèce à un corps allié; si, en même temps, son escadre ralliée à la flotte française, et cherchant des lauriers *plus utiles* que ceux de Navarin, entrait dans la mer Noire, pour annoncer aux Russes que, s'ils passent les Balkans, les cimes de ces monts seront éclairés par l'incendie de leurs flottes et de tous leurs établissemens naissans en Crimée ;

Si l'Angleterre, enfin, et toujours de concert avec la France et ses alliés, replaçant les portes de Derbent sous la garde des rois persans, et fermant les deux *Sund*, n'y laissait passer que ce qu'exigent les besoins de l'Europe et de l'Asie; si organisant, d'une manière stable ¹, la grande confédération eu-

---

¹ Cette confédération, basée sur le principe de la

ropéenne qui doit tenir en échec, ou refouler dans ses glaces ce fils du pôle, ce géant, dont tant de publicistes nous ont prophétisé la nouvelle et prochaine apparition !

Alors, mais alors seulement, l'Angleterre, plus rassurée sur ses possessions de l'Inde, et par l'importance des services rendus à la civilisation, reprendrait, pour long-temps encore, sur les deux hémisphères et aux acclamations de tous les peuples intéressés, l'ascendant qu'elle exerça si long-temps, et que lui donna son génie, appuyé sur une sage liberté.

crainte et sur le besoin de la conservation, aurait du moins cet avantage, que les souverains qui la composeraient seraient portés à vivre en paix entre eux, et que cette alliance, vraiment sacrée, ne serait pas un vain mot, un fallacieux prétexte.

Le 15 juin 1828.